Impressum
Verlag: BABADADA GmbH, Nedderfeld 112 , 22529 Hamburg
Geschäftsführer / Verlagsleitung: Harald Hof
Druck: Books on Demand GmbH, In de Tarpen 42, 22848 Norderstedt

Imprint
Publisher: BABADADA GmbH, Nedderfeld 112 , 22529 Hamburg, Germany
Managing Director / Publishing direction: Harald Hof
Print: Books on Demand GmbH, In de Tarpen 42, 22848 Norderstedt

jiao shi
klaslokaal

chu
delen

186/2

hei ban
bord

xiao yuan
speelplaats

lao shi
leerkracht

zhi
papier

shu xie
schrijven

gang bi
pen

ban gong zhuo
bureau

zhi chi
liniaal

shu
boek

xue sheng
leerling

shu bao

schooltas

qian bi he

pennenzak

qian bi

potlood

juan bi dao

puntenslijper

xiang pi ca

gom

hua ban

tekenblok

tu hua

tekening

hua bi

verfborstel

yan liao he

verfdoos

jian dao

schaar

jiao shui

lijm

lian xi ce

werkboek

jia ting zuo ye

huiswerk

shu zi

nummer

2+2

jia

optellen

jian

aftrekken

cheng

vermenigvuldigen

ji suan

rekenen

zi mu

letter

zi mu biao

alfabet

zi

woord

ke wen

tekst

du

Lezen

fen bi

krijt

shang ke

les

deng ji

klassenboek

kao shi

examen

zheng shu

certificaat

xiao fu

schooluniform

jiao yu

onderwijs

bai ke quan shu

encyclopedie

da xue

universiteit

xian wei jing

microscoop

di tu

kaart

fei zhi kuang

papiermand

jiu dian
hotel

Grand

qing nian lü xing she
jeugdherberg

wai bi dui huan chu
wisselkantoor

shou ti xiang
koffer

qi che
auto

yu yan

Taal

shi/fou

ja / nee

hao de

oké

nin hao

hallo

fan yi yuan

vertaler

xie xie

bedankt

......duo shao qian?

Hoeveel kost ...?

wo bu ming bai

Ik begrijp het niet

wen ti

probleem

wan shang hao!

Goedenavond!

zao shang hao!

Goedemorgen!

wan an!

Goedenavond!

zai jian

Tot ziens

fang xiang

richting

xing li

bagage

bao

zak

shuang jian bao

rugzak

ke ren

gast

fang jian

kamer

shui dai

slaapzak

zhang peng

tent

lü xing - reis

lü you xin xi

toeristeninformatie

hai tan

strand

xin yong ka

kredietkaart

zao can

ontbijt

wu can

lunch

wan can

avondeten

piao

ticket

dian ti

lift

you piao

postzegel

bian jie

grens

hai guan

douane

da shi guan

ambassade

qian zheng

visum

hu zhao

paspoort

fei ji
vliegtuig

chuan
schip

xiao fang che
brandweerwagen

gong jiao che
bus

ka che
vrachtwagen

qi ting
motorboot

zi xing che
fiets

qi che
auto

bai du chuan

veerboot

xiao chuan

boot

mo tuo che

motor

jing che

politiewagen

sai che

racewagen

zu che

huurauto

pin che

carpoolen

tuo che

sleepwagen

la ji che

vuilniswagen

fa dong ji

motor

qi you

benzine

jia you zhan

benzinestation

jiao tong biao zhi

verkeersbord

jiao tong

verkeer

jiao tong du sai

file

ting che chang

parkeerplaats

huo che zhan

station

gui dao

sporen

huo che

trein

dian che

tram

huo che

wagon

zhi sheng ji

helikopter

ji chang

luchthaven

ta

toren

cheng ke

passagier

ji zhuang xiang

container

zhi ban xiang

karton

shou tui che

kar

lan zi

mand

qi fei/jiang luo

opstijgen / landen

cheng shi

stad

cun zhuang

dorp

shi zhong xin

stadscentrum

fang zi

huis

dian ying yuan
bioscoop

guang gao
reclame

lu deng
straatlantaarn

jie dao
straat

chu zu che
taxi

xiao chi dian
kiosk

xing ren
voetganger

ren xing dao
trottoir

ban ma xian
zebrapad

la ji xiang
vuilnisbak

shi zi lu kou
kruispunt

hong lü deng
verkeerslichten

xiao wu

hut

gong yu

woning

huo che zhan

station

shi zheng ting

stadshuis

bo wu guan

museum

xue xiao

school

da xue

universiteit

yin hang

bank

yi yuan

ziekenhuis

jiu dian

hotel

yao fang

apotheek

ban gong shi

kantoor

shu dian

boekwinkel

shang dian

winkel

hua dian

bloemenwinkel

chao shi

supermarkt

shi chang

markt

bai huo shang dian

warenhuis

yu dian

vishandelaar

gou wu zhong xin

winkelcentrum

hai gang

haven

gong yuan

park

chang deng

bank

qiao

brug

lou ti

trap

di tie

metro

sui dao

tunnel

gong jiao che zhan

bushalte

jiu ba

bar

can guan

restaurant

you tong

brievenbus

lu biao

straatnaambord

ting che ji shi qi

parkeermeter

dong wu yuan

zoo

you yong guan

zwembad

qing zhen si

moskee

nong chang

boerderij

wu ran

milieuverontreiniging

mu di

kerkhof

jiao tang

kerk

cao chang

speelplaats

si miao

tempel

di xing

landschap

shu ye
blad

zhi shi pai
wegwijzer

lu
weg

cao di
weide

shi tou
steen

shu
boom

tu bu lü xing zhe
wandelaar

he
rivier

cao
gras

hua
bloem

xia gu
....
vallei

shan
....
heuvel

hu
....
meer

sen lin
....
bos

sha mo
....
woestijn

huo shan
....
vulkaan

cheng bao
....
kasteel

cai hong
....
regenboog

mo gu
....
paddenstoel

zong lü shu
....
palmboom

wen zi
....
mug

cang ying
....
vlieg

ma yi
....
mier

mi feng
....
bijl

zhi zhu
....
spin

jia chong

kever

qing wa

kikker

song shu

eekhoorn

ci wei

egel

ye tu

haas

mao tou ying

uil

niao

vogel

tian e

zwaan

ye zhu

wild zwijn

lu

hert

mi lu

eland

shui ba

dam

feng li fa dian ji

windturbine

tai yang neng dian chi ban

zonnepaneel

qi hou

klimaat

fu wu yuan
ober

cai dan
menu

yi zi
stoel

tang
soep

pi sa bing
pizza

can ju
bestek

zhuo bu
tafelkleed

qian cai

voorgerecht

zhu cai

hoofdgerecht

tian dian

nagerecht

yin liao

drankjes

shi wu

eten

ping zi

fles

kuai can

fastfood

jie bian xiao chi

street food

cha hu

theepot

tang he

suikerpot

yi fen fan cai

portie

yi shi ka fei ji

espressomachine

gao jiao yi

kinderstoel

zhang dan

rekening

tuo pan

dienblad

dao

mes

can cha

vork

shao zi

lepel

cha chi

theelepel

can jin

serviette

bo li bei

glas

die zi

bord

tang pan

soepbord

die zi

schoteltje

jiang

saus

yan ping

zoutvatje

hu jiao mo

pepermolen

cu

azijn

shi yong you

olie

tiao wei liao

kruiden

fan qie jiang

ketchup

jie mo

mosterd

dan huang jiang

mayonaise

te jia
aanbieding

gu ke
klant

ru zhi pin
zuivelproducten

shui guo
fruit

gou wu che
winkelwagen

rou pu

slagerij

mian bao fang

bakkerij

cheng zhong

wegen

shu cai

groenten

rou

vlees

leng dong shi pin

diepvriesvoedsel

leng pan

charcuterie

guan tou shi pin

conserven

xi yi fen

waspoeder

tian shi

snoep

ri yong pin

huishoudproducten

qing jie yong pin

schoonmaakproducten

xiao shou yuan

verkoopster

shou yin ji

kassa

shou yin yuan

kassier

gou wu qing dan

boodschappenlijstje

kai fang shi jian

openingstijden

qian bao

portefeuille

xin yong ka

kredietkaart

dai zi

tas

su liao dai

plastieken zakje

chao shi - supermarkt

shui

water

guo zhi

sap

niu nai

melk

ke le

cola

hong jiu

wijn

pi jiu

bier

jiu

alcohol

ke ke

cacao

cha

thee

ka fei

koffie

yi shi nong suo ka fei

espresso

ka bu qi nuo

cappuccino

xiang jiao

banaan

ping guo

appel

cheng zi

sinaasappel

xi gua

meloen

ning meng

citroen

hu luo bo

wortel

da suan

knoflook

zhu zi

bamboe

yang cong

ajuin

mo gu

champignon

jian guo

noten

mian tiao

noodles

yi da li mian tiao

spaghetti

mi fan

rijst

sha la

salade

shu tiao

frieten

zha tu dou

gebakken aardappelen

pi sa bing

pizza

han bao bao

hamburger

san ming zhi

sandwich

zha zhu pai

kalfslapje

huo tui

ham

sa la mi

salami

xiang chang

worst

ji rou

kip

kao rou

braden

yu

vis

yan mai pian

havervlokken

mu zi li

muesli

yu mi pian

cornflakes

mian fen

bloem

yang jiao mian bao

croissant

mian bao juan

pistolet

mian bao

brood

kao mian bao

toast

bing gan

koekjes

huang you

boter

ning ru

kwark

dan gao

taart

dan

ei

jian dan

spiegelei

nai lao

kaas

bing ji lin

ijs

tang

suiker

feng mi

honing

guo jiang

confituur

qiao ke li jiang

choco

ga li fan

curry

nong she
boerderij

dao cao kun
strobaal

liang cang
schuur

tian ye
veld

ma
paard

tuo che
aanhangwagen

ma ju
veulen

tuo la ji
tractor

lü
ezel

gao yang
lam

yang
schaap

shan yang

geit

nai niu

koe

niu du

kalf

zhu

varken

xiao zhu

biggetje

gong niu

stier

e
....
gans

ya
....
eend

xiao ji
....
kuiken

mu ji
....
kip

gong ji
....
haan

shu
....
rat

mao
....
kat

lao shu
....
muis

niu
....
os

gou
....
hond

gou wu
....
hondenhok

hua yuan jiao shui ruan guan
....
tuinslang

sa shui hu
....
gieter

chang bing da lian dao
....
zeis

li
....
ploeg

lian dao

sikkel

chu tou

schoffel

chang bing cao pa

hooivork

fu tou

bijl

du lun shou tui che

kruiwagen

si liao cao

trog

niu nai guan

melkkan

ma bu dai

zak

zha lan

hek

ma jiu

stal

wen shi

broeikas

tu rang

bodem

zhong zi

zaad

fei liao

mest

lian he shou ge ji

maaidorser

shou ge

oogsten

shou ge

oogst

shan yao

yam

xiao mai

tarwe

da dou

soja

tu dou

aardappel

yu mi

maïs

you cai zi

koolzaad

guo shu

fruitboom

shu shu

maniok

gu wu

graan

yan cong
schoorsteen

wu ding
dak

luo shui guan
regenpijp

chuang hu
raam

che ku
garage

men ling
deurbel

men
deur

la ji tong
vuilnisbak

xin xiang
brievenbus

hua yuan
tuin

ke ting
woonkamer

yu shi
badkamer

chu fang
keuken

wo shi
slaapkamer

er tong fang
kinderkamer

can ting
eetkamer

di ban

vloer

qiang bi

muur

diao ding

plafond

di jiao

kelder

sang na

sauna

yang tai

balkon

lu tai

terras

you yong chi

zwembad

ge cao ji

grasmaaier

bei dan

dekbedovertrek

chuang zhao

dekbed

chuang

bed

sao zhou

bezem

shui tong

emmer

kai guan

schakelaar

bi zhi
behangpapier

zhao pian
foto

tai deng
lamp

ge jia
schap

chu gui
kast

bi lu
open haard

dian shi ji
televisie

hua
bloem

dian zi
kussen

sha fa
sofa

hua ping
vaas

yao kong qi
afstandsbediening

di tan

mat

chuang lian

gordijn

can zhuo

tafel

yi zi

stoel

yao yi

schommelstoel

fu shou yi

fauteuil

shu

boek

tan zi

deken

zhuang shi pin

decoratie

mu chai

brandhout

dian ying

film

gao bao zhen yin xiang

stereo-installatie

yao shi

sleutel

bao zhi

krant

you hua

schilderij

hai bao

poster

shou yin ji

radio

bi ji ben

notitieboekje

xi chen qi

stofzuiger

xian ren zhang

cactus

la zhu

kaars

bing xiang
koelkast

wei bo lu
microgolfoven

chu fang cheng
keukenweegschaal

kao mian bao ji
broodrooster

xi jie jing
afwasmiddel

kao xiang
oven

bing gui
vriesvak

la ji tong
vuilnisbak

xi wan ji
vaatwasmachine

chui ju

fornuis

guo

pot

zhu tie guo

gietijzeren pot

sha guo

wok / kadai

ping di guo

pan

shui hu

waterkoker

zheng guo

stoomkoker

kao pan

bakplaat

tao ci guo

servies

ma ke bei

mok

wan

kom

kuai zi

eetstokjes

chang bing shao

pollepel

chan zi

spatel

jiao ban qi

garde

lü wang

vergiet

shai zi

zeef

mo sui ji

rasp

yan bo

mortier

shao kao

barbecue

ming huo

haardvuur

cai ban

snijplank

gan mian zhang

deegrol

kai ping qi

kurkentrekker

guan zi

blik

kai ping qi

blikopener

ge re shou tao

pannenlap

shui cao

gootsteen

shua zi

borstel

hai mian

spons

jiao ban ji

blender

leng cang xiang

vriezer

nai ping

papfles

shui long tou

kraan

lin yu
douche

gong nuan she bei
verwarming

mao jin
handdoek

yu lian
douchegordijn

pao mo yu
bubbelbad

yu gang
badkuip

bo li bei
glas

xi yi ji
wasmachine

ci zhuan
tegels

shui long tou
kraan

bian hu
kinderpo

shui cao
gootsteen

ce suo

toilet

dun bian qi

hurktoilet

zuo yu qi

bidet

xiao bian chi

urinoir

ce zhi

toiletpapier

ma tong shua

toiletborstel

ya shua

tandenborstel

ya gao

tandpasta

ya xian

flosdraad

xi

wassen

shou chi shi pen lin tou

handdouche

chong xi qi

bidethanddouche

xi lian pen

waskom

ca bei shua

rugborstel

fei zao

zeep

mu yu lu

douchegel

xi fa shui

shampoo

fa lan rong

washandje

pai shui

afvoer

ru shuang

crème

chu chou ji

deodorant

jing zi

spiegel

shou jing

handspiegel

ti xu dao

scheermes

ti xu pao mo

scheerschuim

xu hou shui

aftershave

shu zi

kam

shua zi

borstel

chui feng ji

haardroger

pen fa ding xing ji

haarlak

hua zhuang pin

make-up

chun gao

lippenstift

zhi jia you

nagellak

hua zhuang mian

watten

zhi jia jian

nagelknipper

xiang shui

parfum

xi shu bao

toilettas

deng zi

kruk

ji zhong cheng

weegschaal

yu pao

badjas

xiang jiao shou tao

latex handschoenen

wei sheng mian tiao

tampon

wei sheng jin

maandverband

hua xue ce suo

chemisch toilet

nao zhong
wekker

mao rong wan ju
knuffel

wan ju che
speelgoedauto

bo lang gu
rammelaar

wan ju wu
poppenhuis

li wu
geschenk

qi qiu

ballon

chuang

bed

(yang wa wa yong)ying er
che

kinderwagen

pu ke pai

spel kaarten

pin tu

puzzel

man hua

stripboek

le gao ji mu

legoblokjes

ji mu wan ju

blokken

wan ju ren

actiefiguur

ying er fu

kruippakje

fei pan

frisbee

chuang ling wan ju

mobiel

qi pan you xi

bordspel

shai zi

dobbelsteen

huo che mo xing

modelspoorweg

an fu nai zui

fopspeen

ju hui

feest

hui ben

prentenboek

qiu

bal

yang wa wa

pop

wan

spelen

sha keng

zandbak

qiu qian

schommel

wan ju

speelgoed

you xi ji

spelconsole

san lun che

driewieler

tai di xiong

knuffelbeer

yi chu

kleerkast

yi fu

kleding

wa zi

sokken

chang wa

kousen

jin shen ku

maillot

wei jin
sjaal

pi dai
riem

yu san
paraplu

T xu
T-shirt

yun dong xie
sneakers

xue zi
laarzen

tuo xie
slippers

liang xie
·················
sandalen

xie
·················
schoenen

yu xue
·················
rubberlaarzen

nei ku
·················
onderbroek

xiong zhao
·················
beha

bei xin
·················
onderhemd

yi fu - kleding

shen ti

lichaam

ku zi

broek

niu zai ku

jeans

duan qun

rok

nü shi chen shan

blouse

chen shan

hemd

tao tou shan

trui

wei yi

capuchontrui

xi zhuang jia ke

blazer

jia ke

jas

wai tao

jas

yu yi

regenjas

tao zhuang

kostuum

lian yi qun

jurk

hun sha

trouwjurk

xi zhuang

pak

shui pao

nachthemd

shui yi

pyjama

sha li

sari

tou jin

hoofddoek

bao tou jin

tulband

bo ka

boerka

ka fu tan

kaftan

(a la bo shi)chang pao

abaya

yong yi

badpak

nan shi yong ku

zwembroek

duan ku

short

yun dong fu

trainingspak

wei qun

schort

shou tao

handschoenen

niu kou

knoop

yan jing

bril

shou lian

armband

xiang lian

ketting

jie zhi

ring

er huan

oorbel

bian mao

pet

yi jia

kapstok

mao zi

hoed

ling dai

das

la lian

rits

tou kui

helm

bei dai

bretellen

xiao fu

schooluniform

zhi fu

uniform

wei dou

slabbetje

an fu nai zui

fopspeen

niao bu shi

luier

fu wu qi
server

wen jian gui
dossierkast

da yin ji
printer

zhi
papier

xian shi ping
monitor

ban gong zhuo
bureau

shu biao
muis

wen jian jia
map

jian pan
toestenbord

fei zhi kuang
papiermand

dian nao
computer

yi zi
stoel

ka fei bei

koffiemok

ji suan qi

rekenmachine

yin te wang

internet

bi ji ben dian nao

laptop

xin jian

brief

xiao xi

bericht

shou ji

gsm

wang luo

netwerk

fu yin ji

kopieerapparaat

ruan jian

software

dian hua

telefoon

cha zuo

stopcontact

chuan zhen ji

fax

biao ge

formulier

wen jian

document

mai

kopen

fu qian

betalen

jiao yi

handelen

xian jin

geld

mei yuan

dollar

ou yuan

euro

ri yuan

yen

lu bu

roebel

rui shi fa lang

Zwitserse frank

ren min bi

Chinese renminbi

lu bi

roepie

ti kuan chu

geldautomaat

wai bi dui huan chu

wisselkantoor

jin

goud

yin

zilver

shi you

olie

neng yuan

energie

jia ge

prijs

he tong

contract

shui jin

belasting

gu piao

aandeel

gong zuo

werken

zhi yuan

werknemer

lao ban

werkgever

gong chang

fabriek

shang dian

winkel

jing guan
politieagent

xiao fang yuan
brandweerman

chu shi
kok

yi sheng
dokter

fei xing yuan
piloot

yuan ding

tuinman

mu jiang

timmerman

cai feng

naaister

fa guan

rechter

hua xue jia

chemicus

yan yuan

acteur

gong jiao che si ji

buschauffeur

chu zu che si ji

taxichauffeur

yu fu

visser

qing jie nü gong

schoonmaakster

wu ding gong

dakdekker

fu wu yuan

ober

lie ren

jager

hua jia

schilder

mian bao shi

bakker

dian gong

elektricien

jian zhu gong ren

bouwvakker

gong cheng shi

ingenieur

tu fu

slager

shui guan gong

loodgieter

you di yuan

postbode

shi bing

soldaat

jian zhu shi

architect

shou yin yuan

kassier

hua nong

bloemist

li fa shi

kapper

shou piao yuan

conducteur

ji xie shi

mecanicien

chuan zhang

kapitein

ya yi

tandarts

ke xue jia

wetenschapper

la bi

rabbijn

yi ma mu

imam

he shang

monnik

mu shi

geestelijke

tie chui
hamer

qian zi
tang

luo si dao
schroevendraaier

ban shou
schroefsleutel

shou dian tong
zaklamp

wa jue ji

graafmachine

gong ju xiang

gereedschapskoffer

ti zi

ladder

ju zi

zaag

ding zi

spijkers

zuan ji

boormachine

xiu
....
repareren

chan zi
....
schop

kao!
....
Verdomme!

bo ji
....
blik

you qi tong
....
verfpot

luo si
....
schroeven

yue qi
muziekinstrumenten

yang sheng qi
luidspreker

da ji yue qi
drumstel

ji ta
gitaar

di yin ti qin
contrabas

xiao hao
trompet

gang qin

piano

xiao ti qin

viool

bei si

basgitaar

ding yin gu

pauk

gu

trommels

dian zi qin

keyboard

sa ke si guan

saxofoon

chang di

fluit

mai ke feng

microfoon

lao hu
tijger

ru kou
ingang

long zi
kooi

ban ma
zebra

dong wu si liao
diereneten

xiong mao
panda

dong wu

dieren

da xiang

olifant

dai shu

kangoeroe

xi niu

neushoorn

da xing xing

gorilla

xiong

beer

luo tuo

kameel

tuo niao

struisvogel

shi zi

leeuw

hou zi

aap

huo lie niao

flamingo

ying wu

papegaai

bei ji xiong

ijsbeer

qi e

pinguïn

sha yu

haai

kong que

pauw

she

slang

e yu

krokodil

dong wu yuan guan li yuan

dierenverzorger

hai bao

zeehond

mei zhou bao

jaguar

ai zhong ma

pony

bao

luipaard

he ma

nijlpaard

chang jing lu

giraffe

lao ying

adelaar

ye zhu

wild zwijn

yu

vis

gui

zeeschildpad

hai xiang

walrus

hu li

vos

ling yang

gazelle

gan lan qiu
rugby

qi zi xing che
wielrennen

wang qiu
tennis

lan qiu
basketbal

you yong
zwemmen

bing qiu
ijshockey

quan ji
boksen

ying shi zu qiu

voetbal

yu mao qiu

badminton

tian jing

atletiek

shou qiu

handbal

hua xue

skiën

ma qiu

polo

tiao
springen

xiao
lachen

yong bao
knuffelen

zou lu
wandelen

chang
zingen

zuo meng
dromen

qi dao
bidden

qin wen
kussen

shu xie

schrijven

hua

tekenen

zhan shi

tonen

tui

duwen

gei

geven

na

nemen

you

hebben

zuo

doen

dang

zijn

zhan

staan

pao

lopen

la

trekken

reng

gooien

shuai dao

vallen

tang

liggen

deng dai

wachten

xie dai

dragen

zuo

zitten

chuan yi

aankleden

shui jiao

slapen

xing lai

ontwaken

kan

kijken naar

ku

wenen

fu mo

aaien

shu tou

kammen

jiao tan

praten

ming bai

begrijpen

wen

vragen

ting

luisteren

he

drinken

chi

eten

qing li

opruimen

ai

houden van

zuo fan

koken

kai che

rijden

fei

vliegen

hang xing

zeilen

ji suan

rekenen

du

Lezen

xue xi

leren

gong zuo

werken

jie hun

trouwen

feng

naaien

shua ya

tandenpoetsen

sha

doden

chou yan

roken

ji

sturen

zu mu
grootmoeder

zu fu
grootvader

fu qin
vader

mu qin
moeder

ying tong
baby

nü er
dochter

er zi
zoon

ke ren

gast

a yi

tante

shu shu

oom

xiong di

broer

jie mei

zus

qian e
voorhoofd

yan jing
oog

jian bang
schouder

shou zhi
vinger

lian
gezicht

xia ba
kin

shou
hand

ru fang
borst

tui
been

shou bi
arm

ying tong

baby

nan ren

man

nü ren

vrouw

nü hai

meisje

nan hai

jongen

tou

hoofd

bei bu

rug

du zi

buik

du qi

navel

jiao zhi

teen

jiao hou gen

hiel

gu tou

bot

tun bu

heup

xi gai

knie

shou zhou

elleboog

bi zi

neus

pi gu

zitvlak

pi fu

huid

lian jia

wang

er duo

oor

zui chun

lip

shen ti - lichaam

zui

mond

ya chi

tand

she tou

tong

nao

hersenen

xin zang

hart

ji rou

spier

fei

long

gan zang

lever

wei

maag

shen zang

nieren

xing jiao

seks

bi yun tao

condoom

luan zi

eicel

jing zi

sperma

huai yun

zwangerschap

shen ti - lichaam

yue jing

menstruatie

yin dao

vagina

yin jing

penis

mei mao

wenkbrauw

tou fa

haar

bo zi

nek

yi yuan
ziekenhuis

jiu hu che
ambulance

lun yi
rolstoel

gu zhe
breuk

yi sheng

dokter

ji zhen shi

spoed

hu shi

verpleegkundige

jin ji qing kuang

noodgeval

hun mi

bewusteloos

tong

pijn

shou shang

verwonding

chu xue

bloeding

xin zang bing fa zuo

hartaanval

zhong feng

beroerte

guo min

allergie

ke sou

hoest

fa shao

koorts

liu gan

griep

fu xie

diarree

tou tong

hoofdpijn

ai zheng

kanker

tang niao bing

diabetes

wai ke yi sheng

chirurg

shou shu dao

scalpel

shou shu

operatie

CT

CT

X guang

röntgenstraal

chao sheng bo

ultrageluid

kou zhao

gezichtsmasker

ji bing

ziekte

hou zhen shi

wachtkamer

guai zhang

kruk

shi gao

pleister

beng dai

verband

zhu she

injectie

ting zhen qi

stethoscoop

dan jia

brancard

ti wen ji

thermometer

chu sheng

geboorte

chao zhong

overgewicht

zhu ting qi

hoorapparaat

xiao du ye

ontsmettingsmiddel

gan ran

infectie

bing du

virus

ai zi bing

HIV / AIDS

yao wu

medicijn

jie zhong yi miao

vaccinatie

yao pian

tabletten

yao wan

pil

ji jiu dian hua

noodoproep

xue ya ji

bloeddrukmeter

sheng bing/jian kang

ziek / gezond

jiu ming!

Help!

jing bao

alarm

tu ji

overval

gong ji

aanval

wei xian

gevaar

jin ji chu kou

nooduitgang

zhao huo la!

Brand!

mie huo qi

brandblusser

yi wai

ongeval

ji jiu xiang

EHBO-kit

hu jiu xin hao

SOS

jing cha

politie

ou zhou

Europa

bei mei zhou

Noord-Amerika

nan mei zhou

Zuid-Amerika

fei zhou

Afrika

ya zhou

Azië

ao zhou

Australië

da xi yang

Atlantische Oceaan

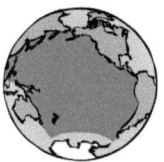

tai ping yang

Stille Oceaan

yin du yang

Indische Oceaan

nan bing yang

Antarctische Oceaan

bei bing yang

Arctische Oceaan

bei ji

Noordpool

nan ji

Zuidpool

nan ji zhou

Antarctica

di qiu

aarde

lu di

land

hai

zee

dao

eiland

guo jia

natie

guo jia

staat

zhong mian

wijzerplaat

shi zhen

uurwijzer

fen zhen

minuutwijzer

miao zhen

secondewijzer

xian zai ji dian?

Hoe laat is het?

tian

dag

shi jian

tijd

xian zai

nu

dian zi biao

digitale horloge

fen

minuut

shi

uur

zhou

week

zhou yi maandag

zhou san woensdag

zhou wu vrijdag

zhou er dinsdag

zhou liu zaterdag

zhou si donderdag

zhou ri zondag

zuo tian

gisteren

jin tian

vandaag

ming tian

morgen

zao chen

ochtend

zhong wu

middag

wan shang

avond

gong zuo ri

werkdagen

zhou mo

weekend

yu
regen

cai hong
regenboog

feng
wind

xue
sneeuw

chun
lente

xia
zomer

qiu
herfst

dong
winter

tian qi yu bao

weervoorspelling

wen du ji

thermometer

yang guang

zonneschijn

yun

wolk

wu

mist

chao shi

vochtigheid

shan dian

bliksem

da lei

donder

feng bao

storm

bing bao

hagel

ji feng

moesson

hong shui

overstroming

bing

ijs

yi yue

januari

er yue

februari

san yue

maart

si yue

april

wu yue

mei

liu yue

juni

qi yue

juli

ba yue

augustus

jiu yue
....
september

shi yue
....
oktober

shi yi yue
....
november

shi er yue
....
december

xing zhuang

vormen

yuan xing
....
cirkel

zheng fang xing
....
kwadraat

chang fang xing
....
rechthoek

san jiao xing
....
driehoek

qiu ti
....
bol

li fang ti
....
kubus

bai

wit

huang

geel

cheng

oranje

fen

roze

hong

rood

zi

paars

lan

blauw

lü

groen

zong

bruin

hui

grijs

hei

zwart

hen duo/shao xu

veel / weinig

sheng qi/ping jing

boos / kalm

mei/chou

mooi / lelijk

shou/wei

begin / einde

da/xiao

groot / klein

ming/an

licht / donker

xiong di/jie mei

broer / zus

gan jing/ang zang

proper / vuil

wan zheng/que shi

volledig / onvolledig

bai tian/wan shang

dag / nacht

si/sheng

dood / levend

kuan/zhai

breed / smal

ke shi yong/fei shi yong

eetbaar / oneetbaar

xie e/shan liang

kwaadaardig / vriendelijk

xing fen/wu liao

opgewonden / verveeld

pang/shou

dik / dun

di yi/zui hou

eerst / laatst

peng you/di ren

vriend / vijand

man/kong

vol / leeg

ying/ruan

hard / zacht

zhong/qing

zwaar / licht

e/ke

honger / dorst

sheng bing/jian kang

ziek / gezond

fei fa/he fa

illegaal / legaal

cong ming/yu ben

intelligent / dom

zuo/you

links / rechts

jin/yuan

dichtbij / veraf

xin/jiu

nieuw / gebruikt

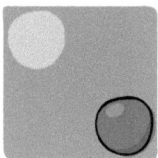

mei you/you xie

niets / iets

lao/you

oud / jong

kai/guan

aan / uit

da kai/he shang

open / dicht

an jing/chao nao

stil / luid

fu/qiong

rijk / arm

dui/cuo

juist / fout

cu cao/guang hua

ruw / glad

shang xin/gao xing

droevig / blij

duan/chang

kort / lang

man/kuai

traag / snel

shi/gan

nat / droog

wen nuan/liang shuang

warm / koud

zhan zheng/he ping

oorlog / vrede

0

ling

nul

1

yi

één

2

er

twee

3

san

drie

4

si

vier

5

wu

vijf

6

liu

zes

7

qi

zeven

8

ba

acht

9

jiu

negen

10

shi

tien

11

shi yi

elf

12

shi er

twaalf

13

shi san

dertien

14

shi si

veertien

15

shi wu

vijftien

16

shi liu

zestien

17

shi qi

zeventien

18

shi ba

achttien

19

shi jiu

negentien

20

er shi

twintig

100

bai

honderd

1.000

qian

duizend

1.000.000

bai wan

miljoen

ying yu

Engels

mei shi ying yu

Amerikaans Engels

pu tong hua

Chinees (Mandarijn)

yin di yu

Hindi

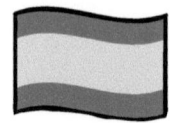

xi ban ya yu

Spaans

fa yu

Frans

a la bo yu

Arabisch

e yu

Russisch

pu tao ya yu

Portugees

feng jia la yu

Bengali

de yu

Duits

ri yu

Japans

wo
....
ik

ni
....
u

ta/ta/ta
....
hij / zij / het

wo men
....
wij

ni men
....
u

ta men
....
ze

shei?
....
wie?

shen me?
....
wat?

zen yang?
....
hoe?

na li?
....
waar?

shen me shi hou?
....
wanneer?

ming zi
....
naam

hou mian

achter

li mian

in

qian mian

voor

shang fang

boven

shang mian

op

xia mian

onder

pang bian

naast

zhong jian

tussen

di dian

plaats